Soy un artista

Janet Carson

Traducción al español: José María Obregón

Rosen REAL READERS en español

Rosen Classroom Books & Materials
New York

Dibujo con mi lápiz.

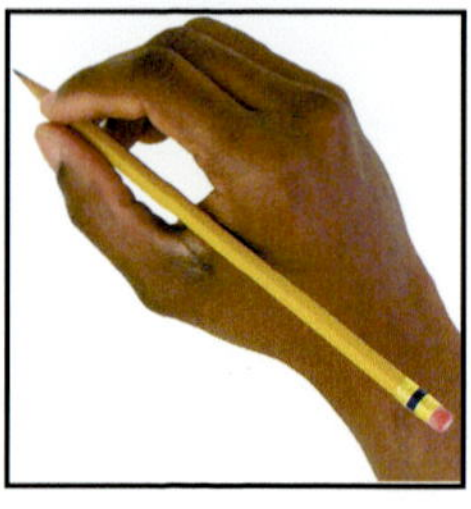

Dibujo con mis crayones.

Pinto con un pincel.

Pinto con los dedos.

Hago cosas con arcilla.

Yo también hago cosas con arcilla.

Palabras que debes saber

(la) arcilla

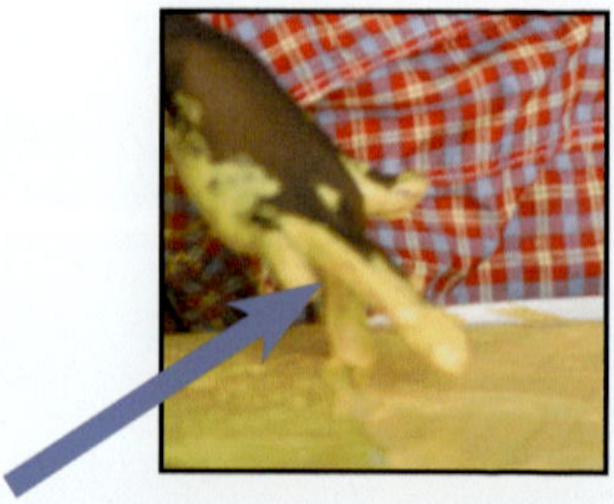

(los) dedos

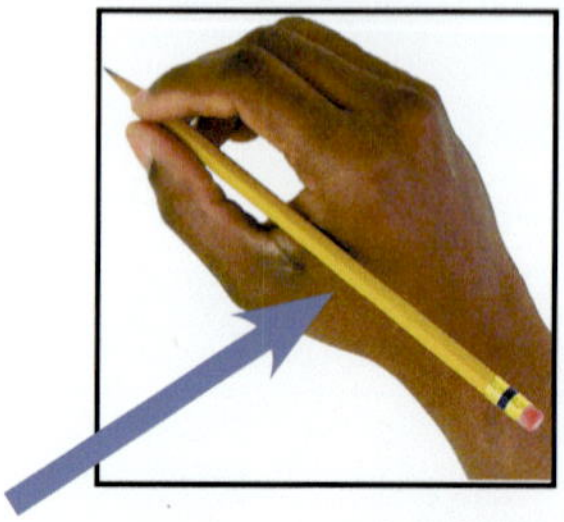

(el) lápiz

(el) pincel

pintar